갈릴레이의 춤추는 생각

Copyright ⓒ Les petits Platons, 2018
Design: Yohanna Nguyen and Avril du Payrat for Galilée part en vrille
Galilée part en vrille by Frédéric Morlot, Chiara Pastorini and illustrated by Junli Song
Korean translation copyright ⓒ 2022 Dabom Publishing
This edition published by arrangement with Editions Les petits Platons through LENA Agency, Seoul.
All rights reserved.

이 책의 한국어판 저작권은 레나 에이전시를 통한 저작권자와 독점계약으로 다봄출판사가 소유합니다.
신저작권법에 의하여 한국 내에서 보호를 받는 저작물이므로 무단전재 및 복제를 금합니다.

나의 작은 태양 스텔리오, 마르첼로, 막달레나, 지오반니에게
- 키아라 파스토리니

갈릴레이의 춤추는 생각

키아라 파스토리니·프레데리크 모를로 글 * 쥐리 송 그림

김현희 옮김 * 송은영 감수

다봄

이 신기한 종탑을 보라. 위태롭게 기울어졌지만 절대 쓰러지지 않는다. 이탈리아 중부 토스카나 지방의 작은 도시 피사에 세워진 이 종탑이 바로 '피사의 사탑'이다.

종탑이 완성되기 전인 1367년 어느 이른 아침, 피사 사람들은 느닷없는 요란한 소리에 잠을 깼다. 도시 중앙의 두오모 광장으로 모여든 사람들 모두 겁에 질려 비명을 내질렀다. 어제까지만 해도 똑바로 서 있던 종탑이 하룻밤 사이에 비뚜름하게 기울어져 있었기 때문이다.

밤새 무슨 일이 일어난 걸까? 말도 안 되는 소문이 사람들 사이에 빠르게 퍼져 나갔다. 누가 종탑을 받치고 있던 돌덩이 하나를 몰래 빼 가서 종탑이 기울어졌다는 소문이었다. 원래 토스카나 지방 사람들은 자부심이 대단했다. 특히 자신이 태어난 고향에 대한 사랑이 넘쳐서 경쟁 관계인 주변 도시들을 늘 의심하는 눈초리로 바라보며 경계했다. 피사와 이웃한 루카와 리보르노 사람들을 덮어 놓고 이번 사건의 범인으로 확신한 것도 그래서였다.

피사 사람들은 자신들이 당한 모욕을 갚아 주기 위해 특별한 대회를 열었다. 토스카나 지방의 도시를 대표하는 먹보들이 한자리에 모여 5킬로그램짜리 모차렐라 치즈 한 덩이를 누가 가장 빨리 먹어 치우는지 겨루는 대회였다. 물론 일등은 피사의 대표 선수가 차지했다. 다만 이 선수는 대회가 끝난 뒤 들것에 실려 집으로 돌아갔고, 여섯 달 동안 아무것도 먹지 못했다. 그러나 피사 사람이 영광스러운 일등을 차지했다는 사실만은 변함이 없었다.

이로부터 약 200년 뒤. 피사의 사탑은 이전보다 더 많이 기울어졌지만 여전히 그 자리를 지키고 있었다. 어린 갈릴레오 갈릴레이는 이 종탑에서 동생들과 함께 종종 숨바꼭질 놀이를 했다. 하루에도 몇 번씩 294개의 나선형 계단을 단숨에 뛰어올라서 종탑 꼭대기의 전망대까지 오르기도 했다. 그곳에서 내려다보는 도시의 풍경은 아무리 자주 봐도 질리지 않을 만큼 아름다웠다.

갈릴레이는 기울어진 종탑의 전설을 들을 때마다 왠지 화가 났다. 급기야 하루는 아버지의 두 눈을 똑바로 바라보며 야무지게 말했다.

"받침돌 하나를 도둑맞아서 종탑이 기울어졌다는 건 말도 안 되는 소리예요!"

전통을 중요시하는 아버지는 어린 아들에게 버럭 화를 내며 밥을 굶기는 벌을 내렸고, 그날 저녁 갈릴레이는 과학자가 되겠다는 결심을 했다고 한다. 물론 믿거나 말거나지만.

아무튼 갈릴레이는 낮에는 종탑 위에 올라가 풍경을 감상했고, 밤에는 자기 방 창가에 앉아서 몇 시간씩 밤하늘을 관찰했다. 이 시대에는 공해가 없었기 때문에 수정처럼 맑은 밤하늘에서 아름답게 빛나는 수많은 별을 볼 수 있었다.

　갈릴레이가 살았던 16~17세기에는 우주와 별을 연구하는 천문학을 매우 중요하게 생각했다. 사실 이 시대의 천문학은 점성학에 가까웠다. 사람들이 별에 특별한 관심과 호기심을 가졌던 건 자신의 운명이 별들의 위치나 움직임에 따라 달라진다고 믿었기 때문이다. 갈릴레이는 열 살 때 이미 별자리표를 훤히 꿰고 있었다. 쌍둥이자리나 물고기자리같이 누구에게나 익숙한 열두 별자리를 비롯해 마흔 개가 넘는 별자리를 밤하늘에서 쉽게 찾아냈다.

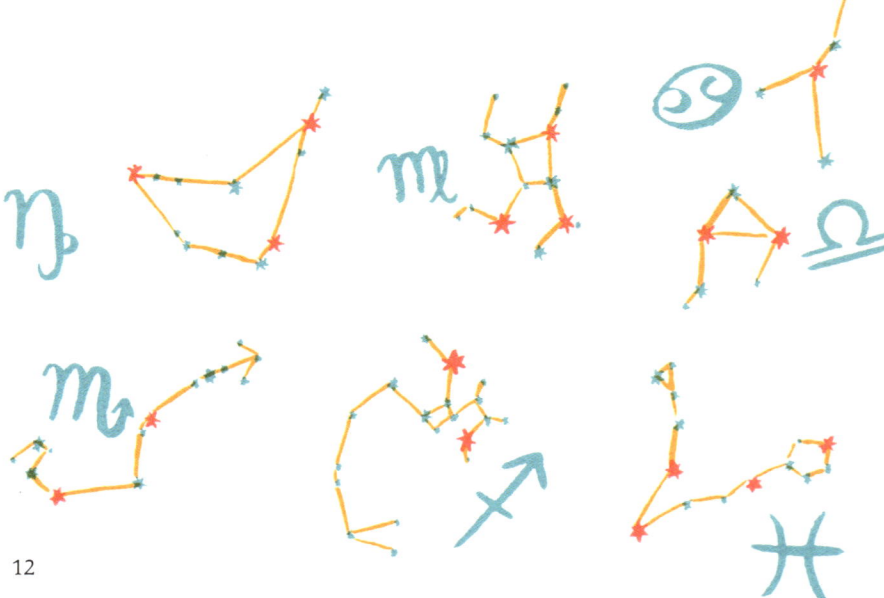

갈릴레이는 큰곰자리를 가장 좋아했다. 큰곰자리에서 가장 빛나는 일곱 개의 별이 커다란 국자나 수레처럼 보이는 북두칠성이다. 갈릴레이는 북두칠성 수레를 타고 우주의 숨은 구석구석을 찾아다니거나 사냥꾼처럼 큰곰을 뒤쫓는 상상을 했다. 때로는 이 별 저 별을 돌아다니는 우주 여행자가 되기도 했다. 이렇게 갈릴레이는 매일 밤 새로운 상상의 나래를 펴고 빛나는 밤하늘로 모험을 떠났다.

　　　　갈릴레이는 별과 행성의 운동에도 관
심이 많았다. 천체가 한자리에 가만히 머물러 있지 않다
는 사실은 일찍이 알고 있었고, 이처럼 우주를 움직이게 하는
힘의 정체가 무엇인지 늘 궁금했다. 그래서 어린 갈릴레이는 프톨레
마이오스가 쓴 『천문학 집대성』이라는 책을 도서관에서 훔쳐다가 읽기
까지 했다. 하지만 행성들의 운동 궤도에 관한 설명은 너무 복잡했다. 갈
릴레이는 답답해서 속이 터질 것 같았다. 모든 자연 현상이 수학적으로 간
단하고 명확하게 설명될 수 있다고 믿고 있었기 때문에 더욱 그랬다.

갈릴레이는 대학에서 학생들을 가르치는 교수가 되었다. 어른이 되어서도 별과 행성의 운동은 여전히 가장 큰 관심 대상이었다.

어느 화창한 오후, 갈릴레이가 시장에서 채소를 잔뜩 사서 집으로 돌아가는 길이었다. 평소와 다름없이 머릿속은 온통 별과 행성 생각뿐이었다. 그 바람에 돌부리에 걸려 넘어지면서 들고 있던 장바구니를 떨어뜨리고 말았다. 갈릴레이는 하늘에 대고 주먹질을 하면서 괜한 화풀이를 했다. 그 순간, 머릿속에 몇 가지 의문이 떠올랐다.

'내가 가장 먼저 해야 할 일은 지구에서 일어나는 물체의 운동을 이해하는 거야. 별들이 아름답긴 하지만, 아직 지구에 대해서도 제대로 설명 못 하는 게 있잖아. 왜 손에 들고 있던 물체를 놓치면 땅으로 떨어질까? 게다가 내가 떨어뜨린 채소들은 무게 차이가 크게 나는데도 거의 동시에 땅에 닿았어. 그 이유는 뭐지?'

이렇게 화내다 관찰하다 추론하는 세 단계 행동은 과학자인 갈릴레이의 일상에서 늘 되풀이되었다. 물론 신기하게도 첫 번째 단계의 행동은 역사에 전혀 기록되어 있지 않다.

갈릴레이는 어릴 때처럼 두오모 광장의 종탑에 올라가기로 마음먹고, 가장 똘똘한 제자인 빈첸초를 불러서 말했다.

"당장 나를 따라와라! 오늘 매우 중요한 실험을 할 건데 네가 그 결과를 기록해 줘야겠어."

갈릴레이는 장바구니에서 네 개의 실험 재료를 꺼내 놓고 말했다.

"빈첸초, 보다시피 여기 멜론 두 개와 늙은 호박 두 개가 있다. 멜론의 무게는 2킬로그램씩이고, 호박의 무게는 그보다 두 배 무거운 4킬로그램씩이야. 이 멜론과 호박을 종탑 꼭대기에서 동시에 떨어뜨리면 어떻게 될까? 4킬로그램짜리 호박이 2킬로그램짜리 멜론보다 정확히 두 배 빠르게 떨어질 거라는 게 전통적인 생각이다. 고대의 이름난 학자 중에서도 가장 권위 있는 아리스토텔레스 역시 그렇게 주장했지. 자유낙하 하는 물체의 속도는 물체의 무게에 비례한다는 게 아리스토텔레스와 그를 따르는 과학자들의 생각이란 말이다. 물체가 무거울수록 더 빨리 떨어진다는 거지."

"갈릴레이 선생님, 그렇지만 해머와 깃털을 동시에 떨어뜨렸더니 깃털이 더 천천히, 해머보다 더 느리게 떨어지는 것처럼 보이……."

"지금 내 말에 감히 토를 다는 거냐? 이런 멍청한 녀석! 잔말 말고 내가 시키는 일이나 제대로 해! 지금 당장 2킬로그램짜리 멜론 하나와 4킬로그램짜리 호박 하나를 한 덩어리로 묶어라. 그럼 6킬로그램짜리 '멜박'이 만들어지겠지? 자, 무거운 물체가 가벼운 물체보다 더 빨리 떨어진다는 아리스토텔레스의 주장이 맞는 것으로 치자. 그렇다면 멜박을 떨어뜨릴 경우, 가벼운 멜론이 무거운 호박의 낙하 속도를 늦추는 역할을 할 거야. 반대로 호박은 멜론의 낙하 속도를 더 빨라지게 할 테고. 그러면 멜박은 멜론과 호박의 중간쯤 되는 낙하 속도로 땅에 떨어지는 결과가 나와야 해. 호박보다는 느리게, 멜론보다는 빠르게 떨어져야 한다는 거지."

갈릴레이가 계속해서 말했다.

"이렇게 예측하는 건, 우리가 애초에 무거운 물체가 가벼운 물체보다 더 빠르게 떨어진다고 한 아리스토텔레스의 주장을 맞는 것으로 가정했기 때문이지. 그의 주장대로라면 무게 6킬로그램짜리 멜박은 4킬로그램짜리 호박보다 빨리 떨어져야 맞지? 하지만 이건 앞서 멜박이 호박보다 느리게 떨어질 것으로 예측한 결과와 완전히 달라. 안 그러냐? 아리스토텔레스의 주장을 따랐을 때 이렇게 두 개의 결과가 나온다는 건, 그의 주장에 허점이 있거나 틀렸다는 뜻이지!

그럼 이제 빈첸초 네가 말했던 해머와 깃털의 경우를 설명해 주마. 실제로는 가벼운 깃털이 무거운 해머보다 느리게 떨어진다고 했지? 그건 깃털이 해머보다 공기 저항을 더 많이 받기 때문이야. 멜론이나 호박, 해머는 공기 저항을 거의 받지 않지만, 깃털은 그 모양 때문에 꽤 많이 받지."

"이쯤에서 내 의견을 밝혀 볼까? 난 아리스토텔레스의 주장을 비롯해 예로부터 사람들이 당연하게 여겼던 전통적인 믿음을 그대로 받아들여선 안 된다고 생각한다. 증명 안 된 믿음들을 그저 고집스레 되풀이해 주장하는 건 어리석은 짓이야. 무조건 옳다고 여겼던 기존의 사고들은 모두 실험을 통해 검증되어야 해. 그래서 지금부터 난 가속도에 대한 옛사람들의 이론을 검증해 볼 생각이다. 그들의 이론이 사실인지 확인해 보자는 거야!"

"갈릴레이 선생님, 호박과 멜론 같은 먹거리로 장난하듯 실험을 해서 지난 수백 년 동안 굳건히 이어져 온 학자들의 권위에 도전할 수 있을까요? 정말 그렇게 믿으세요?"

"빈첸초, 이 녀석! 오늘 왜 이렇게 성가시게 구는 거냐? 이른바 우리 대학에서 가장 훌륭하다는 교수한테 보이는 오만함과 무지함이 너한테서도 보이는구나. 잔말 말고 오늘 실험에나 신경 써라. 지금부터 내가 세 가지 물체, 다시 말해 2킬로그램짜리 멜론, 4킬로그램짜리 호박, 6킬로그램짜리 '멜박'을 차례로 땅에 떨어뜨릴 거다. 넌 두 눈으로 본 것을 수첩에 잘 기록하기만 하면 돼. 어서 광장으로 내려가 준비해라!"

"준비됐냐? 그럼 시작하자!"

갈릴레이는 피사의 사탑 꼭대기에서 준비한 물체들을 떨어뜨렸다. 퍽! 늙은 호박이 땅바닥에 부딪혀 깨지면서 사방으로 튀었다. 빈첸초의 신발도 누런 호박즙으로 더럽혀졌다. 그러거나 말거나 갈릴레이는 잔뜩 흥분한 목소리로 외쳤다.

"오늘 빈첸초 네가 본 장면은 역사에 길이 남을 거다! 두고 봐라!"

빈첸초는 한순간에 축제장의 어릿광대 같은 구경거리가 된 것이 부끄러워 고개를 들 수 없었다. 반면 갈릴레이는 자신의 실험 결과에 크게 기뻐하며 집으로 돌아갔다.

 피사의 사탑에서 이루어진 이 실험은 과학 사상사에 한 획을 그은 중대한 사건이다(피사의 사탑에서의 실험은 빈첸초가 쓴 책에 기록돼 있지만, 이를 뒷받침할 구체적 근거가 없어서 실제 갈릴레이가 실험을 했는지는 확실하지 않다.-옮긴이). 갈릴레이는 역사상 처음으로 과학에 실험을 도입한 근대 과학의 개척자로 알려져 있다. 갈릴레이 이후, 과학에서 실험과 검증은 결코 떼어 놓을 수 없는 필수 요소가 되었다. 이 두 단계를 반드시 거쳐서 과학적 진실을 찾아야 한다. 뒷받침하는 실험과 검증 없이 단순한 관찰에 불과한 이론과 어떤 과학 현상에도 적용되지 않는 이론은 근대 과학에서 인정받지 못한다.

갈릴레이는 가속도 실험을 계속 이어갔다. 무게가 서로 다른 공 몇 개와 널빤지를 이용한 실험이었다.

갈릴레이는 기울어진 널빤지 위로 공이 굴러 내려가게 하고서 그 움직임을 자세히 관찰했다. 당시에는 초시계가 없었기 때문에 똑같은 과정을 수없이 반복해야 했다. 그래도 널빤지의 경사가 크지 않으면 공이 천천히 굴렀기 때문에 속도와 가속도를 제법 정확히 잴 수 있었다.

　갈릴레이의 기발한 실험은 여기서 끝나지 않았다. 이번에는 앞서 실험에 사용했던 널빤지에 줄 몇 개를 가로로 건너지르게 연결해서, 공이 굴러 내려가며 줄을 통과할 때마다 '틱!' 소리가 나게 했다. 그리고 나서 또 공을 굴려 가면서 일정한 시간 차를 두고 이 소리가 나도록 줄의 위치를 조정했다. 이런 식으로 실험한 결과, 단위 시간 동안 공의 가속도(중력가속도)는 공의 무게에 상관없이 일정하다는 사실을 확인할 수 있었다.

결국 갈릴레이는 실험을 통해서 물체가 무거울수록 빨리 떨어진다는 아리스토텔레스의 역학 이론을 반박했다. 그리고 비탈을 구르는 물체의 중력가속도는 물체의 무게와 상관없이 일정하다고 주장했다. 이렇게 갈릴레이는 질량과 힘의 개념에 접근하고 있었다. 그러나 명확하게 정리하지는 못했다. 질량과 힘의 정확한 개념은 약 150년 뒤에 나타난 과학자 아이작 뉴턴이 정립한다.

한편 빈첸초는 피사의 사탑 실험 후, 서글픈 마음을 달래기 위해 당나귀를 타고 긴 여행을 떠났다. 그리고 한결 가벼워진 기분으로 돌아오는 길에 스승의 집에 들렀다. 갈릴레이가 반갑게 맞이해 주자, 빈첸초는 단단히 묶은 꾸러미 하나를 내밀었다.

"선생님, 제가 네덜란드에서 직접 가져온 겁니다!"

갈릴레이는 꾸러미를 펼쳐 보고 깜짝 놀랐다. 렌즈 두 개가 끼워진 기다란 대롱 모양의 망원경이었다.

"선생님이 좋아하실 거라고 생각했는데……."
"빈첸초 네 녀석도 옳게 생각할 때가 다 있구나! 하하하!"

선물을 받고 신이 난 갈릴레이는 곧장 베네치아의 유리 공예 장인을 찾아가서 배율이 더 좋은 망원경 렌즈를 주문했다. 사람들은 단순하기 짝이 없는 망원경을 장난감 취급했지만, 갈릴레이는 맨눈으로는 볼 수 없는 중요한 진실을 보여 줄 거라고 굳게 믿었다.

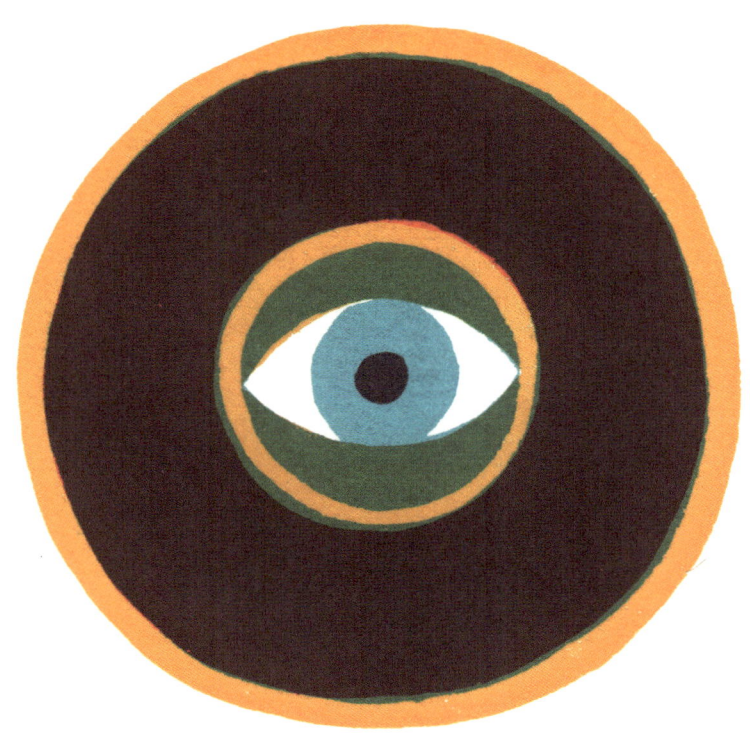

　새 렌즈를 끼워 넣어 마침내 자신이 꿈꾸던 망원경을 갖게 된 갈릴레이는 매일 밤 창가에서 별들을 관찰했다.
　"와, 어떻게 이런 일이……! 지금껏 보지 못했던 은하수며 달, 금성, 목성도 다 보이잖아!"
　갈릴레이는 흥분을 감추지 못하고 혼잣말을 쏟아 냈다. 갈릴레이는 망원경 덕분에 별과 행성의 모습을 이전의 어느 누구보다 더 정확히 구별할 수 있었다.

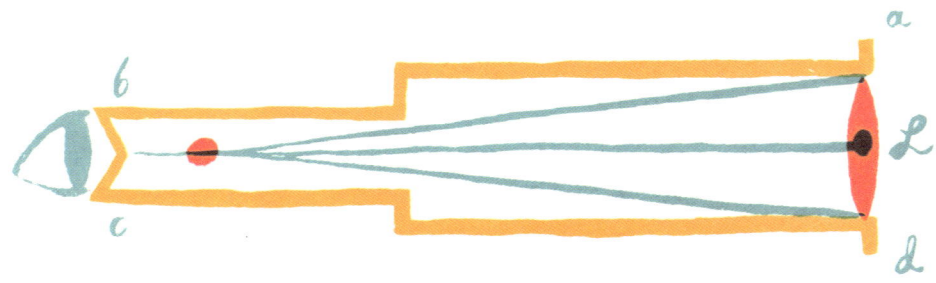

"빈첸초, 게으른 생쥐처럼 쿨쿨 잘도 자는구나! 어서 일어나서 좀 봐라!"

빈첸초는 스승의 느닷없는 호통에 졸린 눈을 비비며 비척비척 창가로 다가갔다.

"저기 저 목성을 좀 보란 말이다. 위성 넷이 그 주위를 돌고 있잖니! 맨눈으로 볼 때는 그저 희부연 띠 같았던 은하수가 실제로는 수천 개의 별로 이루어져 있다는 게 놀랍지 않냐? 달은 또 어떻고! 지금까지 우리는 달을 동그랗고 매끈한 수정 공 같다고 생각했는데, 망원경으로 보니 산과 분화구, 들판, 바다로 뒤덮여 울퉁불퉁 하구나. 그리고 태양은…… 어제 봤더니 검은 반점들이 많이 박혀 있더라! 결론은 아리스토텔레스가 주장한 것과 다르게 이 우주에 완전무결한 천체는 하나도 없다는 거다."

"오, 정말 그러네요! 이렇게 보니 선생님 말씀이 다 맞아요!"

빈첸초가 망원경에서 눈을 떼지 않은 채 소리쳤다.

"그런데 망원경을 오른쪽으로 돌렸더니 동그란 의자에 앉아 있는 원숭이 같은 게 보여요. 저게 뭘까요?"
"어이구, 이 녀석아! 그건 변기에 앉아서 볼일 보는 이웃집 남자다!"

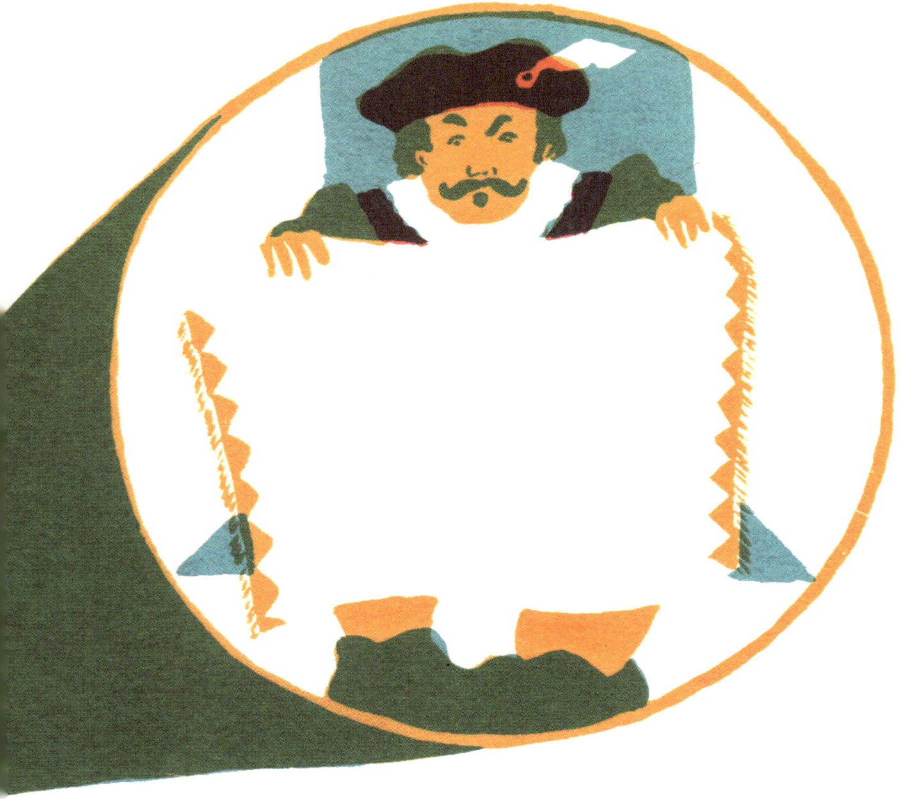
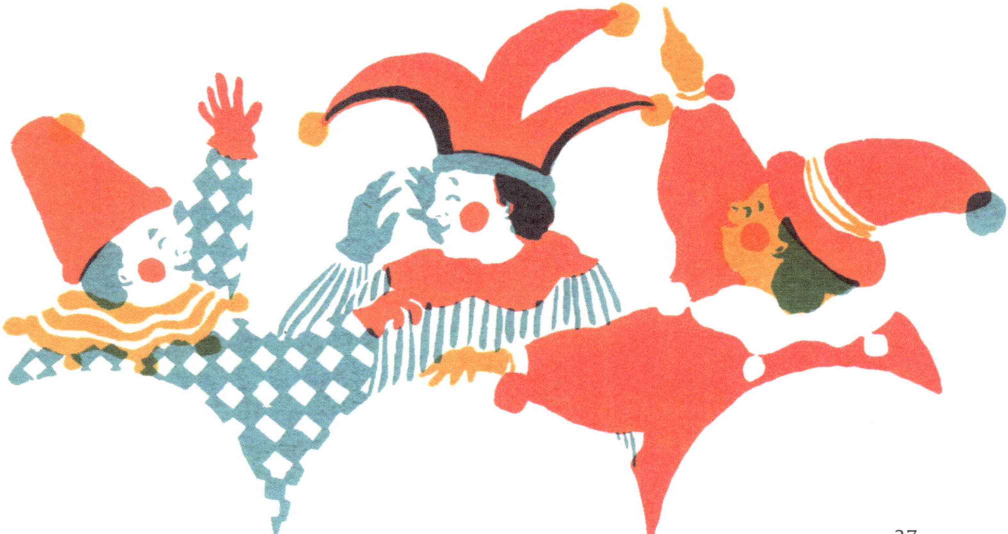

 몇 주 동안 실험에 매달렸던 갈릴레이는 지칠 대로 지쳐 버렸다. 그래서 잠시 숨을 돌리기 위해 자신의 집 아래층에 있는 술집을 찾았다. 그날 저녁 술집 분위기는 무겁게 가라앉아 있었다. 한쪽 구석의 작은 테이블 하나가 갈릴레이의 눈에 들어왔다. 아랍 사람처럼 머리에 커다란 터번을 두른 노인이 앉아 있었다.

 "보아하니 이 동네 분은 아니고, 지나가는 나그네이신 듯한데 같이 좀 앉아도 될까요?"

 갈릴레이가 물었다.

 "이 지구에서 나그네가 아닌 이가 어디 있겠나? 아무튼, 앉게나."

 "성함이 어떻게 되십니까? 연세가 꽤 많아 보이시네요."

"내 나이는 정확히 삼백여든세 살이라오. 이름은 잘랄알딘 알 발키 아브달 레자카부 알 카라마 이븐 창파라 이븐 나우팔 알 나흐디인데, 간단히 줄여서 잘랄알딘 알 발키 아브달 레자카부 알 카라마 이븐 창파라라고 불러도 좋네."

"그냥 '잘랄 영감님'이라고 부르겠습니다."

갈릴레이가 평소 성격답게 제멋대로 말했다.

"제 이름은 갈릴레오 갈릴레이이고, 스물여섯 살입니다. 일단 목이 마르니 이 지역 명물인 키안티 와인을 한 병 시키겠습니다. 영감님도 맛이나 보시죠. 적어도 지난 백이십 년 동안 이만큼 훌륭한 와인은 맛본 적이 없으실 겁니다."

갈릴레이는 때마침 지나가던 종업원에게 자신이 가장 좋아하는 술을 넉넉히 주문했다. 술을 한 잔 두 잔 나눠 마시다 보니 어느새 두 사람은 부쩍 가까워졌다.

"저는 대학에서 수학을 가르치는데, 잘랄 영감님은 뭘 가르치시죠?"

"글쎄, 난 내가 남들에게 딱히 뭘 가르칠 수 있다고 생각하지 않네. 내면 깊숙이 숨겨진 진리를 찾는 법에 대해서라면 조금 알긴 하지만……."

"쳇! 우리 학교 철학 교수들처럼 말씀은 번지르르하게 잘하시네요! 알맹이는 하나도 없으면서."

"글쎄, 모르긴 해도 그 교수들의 말이 정말 옳을 수도 있지 않겠나? 그런데 자네도 마음속에 뭔가 큰 고민거리가 있는 듯하군. 풀리지 않는 문제 같은 건가?"

"와, 사람 속을 제대로 꿰뚫어 보시는군요! 사실 전 아주 어릴 때부터 천체의 운동을 수학적으로 설명하고 싶었어요. 하지만 지금까지 만족할 만한 연구 성과를 내지 못했죠."

"그렇군. 최근에는 어떤 연구를 했나?"

갈릴레이는 경사진 널빤지에 줄을 연결하고 공을 굴러 내려가게 했던 실험에 대해 자세히 설명했다.

이야기를 다 듣고 난 노인이 환하게 웃으며 말했다.

"좋아, 그럼 이렇게 생각해 보면 어떻겠나? 공 대신 자네가 널빤지 위를 구른다고 상상해 보게."

순간 갈릴레이의 표정이 살짝 일그러졌다.

"지금 제가 뚱뚱하다고 놀리는 겁니까? 이래 봬도 사흘 전부터 다이어트를 시작해서 벌써 50그램씩이나 뺐단 말입니다!"

"아니, 아닐세! 그런 뜻은 전혀 없으니 오해하지 말게. 정말 순수하게 자네가 경사진 널빤지에서 구르는 공이라고 상상해 보자는 거네. 이때 왜 자네가 앞으로 나아간다고만 생각하는 건가? 널빤지가 뒤로 물러나는 걸 수도 있지 않겠나?"

갈릴레이는 큰 웃음을 터뜨렸다. 태어나서 그처럼 어이없는 말은 처음 들었기 때문이었다. 5분 전쯤, 웬만한 어른 팔 길이에 버금갈 정도로 기다란 계산서를 가져온 종업원에게 술값 대신 요란한 딸꾹질을 건넸을 때 났던 웃음과 비슷했다.

노인이 말했다.

"웃기면 실컷 웃게나. 하지만 잘 생각해 보게. 자네는 널빤지가 스스로 움직이는 건 본 적이 없다고 받아치겠지. 당연해. 그렇지만 실험실 바닥과 비교해서 생각하면 자네도 내 말에 동의할 거네. 수레로 예를 들어 보겠네. 수레는 말이 끌어당길 때처럼 외부의 힘이 작용하지 않는 한 움직이지 않지. 적어도 땅바닥에서 보자면 움직이지 않지. 하지만 땅바닥이 아닌 다른 것과 비교하면 어떻겠나? 수레를 향해 열심히 기어가는 개미를 생각해 보게나. 개미의 시각으로는 수레가 점점 자신에게 다가오는 것으로 보일 수도 있지 않겠나?"

갈릴레이는 어리석은 사람이 아니었다. 어리석기는커녕 지나칠 정도로 똑똑했다.

"아, 이제 알 것 같아요! 공의 입장이라면 널빤지뿐 아니라 바닥, 벽, 더 나아가 우주 전체가 움직이는 걸 수도 있겠군요! 움직이는 개미의 시각으로 수레와 땅바닥, 벽, 우주 전체가 움직이는 것처럼 보인다면요."

그 순간 갈릴레이는 사고의 기준이 되는 또 다른 틀이 있을 수 있다는 사실을 깨달았다.

"영감님의 생각은
꽤 그럴듯해요. 그런데 그 논
리대로라면, 제가 종탑 꼭대기에서 '멜
박'을 떨어뜨렸을 때는 멜박이 땅으로 떨어진 걸까
요, 아니면 땅이 멜박을 향해 솟아오른 걸까요? 음…… 새
로운 방식의 사고인 건 분명하지만, 납득이 가도록 동료들을 설득
하는 건 쉽지 않겠어요."

"그렇지만은 않네. 바닥과 벽의 입장으로 보면 널빤지는 움직임이 없다네. 마찬가지로 지구에 있는 관찰자는 자신의 집, 더 나아가 이 지구의 움직임을 느낄 수 없지. 이것을 이른바 지구 중심 좌표계라고 한다네. 자네가 지구를 세상의 중심으로 상상한다면, 그건 자네가 두 발을 딛고 서 있는 곳이 지구이기 때문이라네. 그렇다고 자네의 상상과는 다른 좌표계가 잘못된 거라고는 말할 수 없지. 이건 어디까지나 상상의 문제일 뿐이니까."

노인이 계속해서 말했다.

"지금 당장 이 문제를 증명해 보일 수도 있어. 사실 난 데르비시(이슬람교의 한 종파. 여기 속한 수도승들은 철저한 금욕 생활을 하며 춤을 추며 예배한다.-옮긴이)의 창시자라네. 우리는 몇 시간씩 쉬지 않고 빙글빙글 돌면서 기도할 수 있지. 자네도 한번 해 보겠나?"

갈릴레이는 병든 하마처럼 느릿느릿 몸을 일으켰다. 흥분한 데다 술까지 많이 마신 탓이었다. 갈릴레이는 고작 세 바퀴를 연속으로 돌고서 쿵 소리와 함께 바닥에 나동그라지고 말았다.

노인이 배꼽을 잡고 웃으며 물었다.

"어떤가? 지금 빙빙 도는 건 자네인가, 아니면 바닥인가?"

갈릴레이는 정신을 못 차리고 더듬더듬 대답했다.

"그, 글쎄요…… 잘 모, 모르겠……."

"우주도 그와 마찬가지란 말일세! 자네는 학교에서 별들이 지구를 중심으로 돈다고 배웠을 걸세. 하지만 지구가 다른 별을 중심으로 돌 거라는 생각은 왜 안 하는 건가?"

바로 그 순간, 갈릴레이의 머릿속에 번쩍 떠오르는 생각이 있었다.

"혹시 그 다른 별이 태양인가요?"
"그럴 수도 있지. 자네가 옛 문헌을 좀 더 열심히 공부했다면, 아리스타르코스라는 고대 그리스 학자가 우리보다 먼저 이와 비슷한 생각을 했었다는 걸 알았을 텐데 아쉽군."

'프톨레마이오스가 그린 지구 중심의 좌표계에서는 나머지 행성들의 운동 궤도가 정신없을 만큼 복잡했지. 반면 태양이 중심인 좌표계에서는 행성들의 운동 궤도가 굉장히 단순해. 이건 지구를 비롯한 모든 행성이 태양 주위를 돈다고 가정할 수 있는 충분한 근거가 아닐까?'

이런 갈릴레이의 생각은 훗날 그의 삶에 큰 영예와 시련을 모두 가져다주었다. 신기하게도 그때까지 갈릴레이의 지적 능력은 술의 영향을 전혀 받지 않은 듯했다. 술을 잔뜩 마셨는데도 머리는 정상적으로 돌아가고 있었다. 과연 위대한 과학자이자 위대한 술꾼다웠다.

흥분한 갈릴레이는 자리를 박차고 일어섰다. 뚱뚱하다거나 둔하다는 느낌이 전혀 들지 않았다. 갈릴레이는 노인을 와락 껴안으며 "잘 랄 영감님, 당신은 훌륭한 길잡이군요!"라고 외쳤다. 앞으로 나아가야 할 방향을 알려 준 사람에 대한 고마움의 표현이었다.

"덕분에 이제 모든 게 분명해졌습니다! 태양이 지구 주위를 도는 게 아니라, 지구가 태양 주위를 도는 거였어요!"

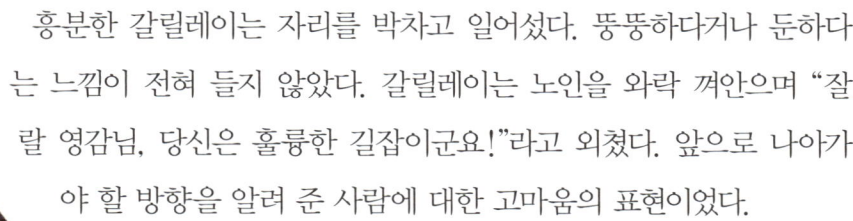

"흥분을 가라앉히게나, 젊은 친구. 사실 자네가 방금 한 말은 엄밀히 따져서 정확하다고 할 수 없어. 지구가 태양 주위를 돈다는 두 번째 가설에 따르면 행성의 운동에 관한 모든 계산이 간단해질 수 있지. 하지만 그 이유로 태양이 지구 주위를 돈다는 첫 번째 가설이 완전히 틀렸다고 할 수는 없어. 지구 중심 좌표계와 태양 중심 좌표계처럼 시각은 다를 수 있고, 시각에 따라 행성의 운동 궤도 계산식이 간단할 수도 복잡할 수도 있지만, 우열을 가릴 수는 없네. 좌표계가 무엇이든 천체의 운동에 영향을 주는 건 아니니까. 이렇게 시각에 따라 움직임이 다르게 보이는 것을 '운동의 상대성'이라고 한다네."

안타깝게도 갈릴레이는 노인의 마지막 말을 제대로 듣지 못했다. 그 말을 들었다면 갈릴레이의 남은 삶이 훨씬 평탄했을 텐데, 흥분한 젊은 과학자는 노인의 말을 듣다 말고 밖으로 뛰쳐나갔다. 갈릴레이는 "돈다! 돌아!"라고 외치며 비틀비틀 거리를 돌아다녔다. 물론 여기서 갈릴레이가 돈다고 한 것은 지구였다. 하지만 피사 사람들은 그것을 기울어진 종탑으로 생각해서 잠시 작은 소동이 일어나기도 했다.

수백 년 전, 고대 그리스의 아르키메데스라는 과학자도 깨달음을 얻고 흥분해서 갈릴레이처럼 고래고래 소리를 지르며 거리를 돌아다녔다. 다만 아르키메데스는 실오라기 하나 걸치지 않은 알몸이었으니, 굳이 비교하자면 갈릴레이는 술에 취한 상태에서도 품위를 지켰다고 할 수 있을 것이다.

한편 술집에 남은 잘랄 노인은 종업원의 짜증 섞인 잔소리를 들으며 부랴부랴 술값을 치렀다. 게다가 덩치 큰 갈릴레이가 급히 움직이다가 망가뜨린 물건 값까지 보상해 주어야 했다. 하지만 노인은 이보다도 갈릴레이에게 자신의 상대성 이론을 끝까지 설명하지 못했다는 사실이 더 안타까웠다.

다행히 그날 이후로도 몇 백 년을 더 살면서 독일 바이에른에서 만난 알베르트 아인슈타인이라는 청년에게 충분히 설명했다는데, 이건 또 다른 이야기이므로 여기서 다루지 않겠다.

다시 우리의 주인공 갈릴레이 이야기로 돌아가자. 술에 취해 집으로 돌아간 갈릴레이는 아내에게 시시한 사람들만 만나고 다닌다며 폭풍 같은 잔소리를 들어야 했다. 결국, 갈릴레이는 아내를 피해 침실이 아닌 연구실에서 긴 의자를 침대 삼아 잠을 청했다. 다음 날 오후가 되어서야 잠이 깬 그는 입은 텁텁해도 머릿속은 더없이 맑았다.

"지금까지 모든 천문학자의 생각이 틀렸던 거야! 태양이 지구 주위를 도는 게 아니었다고! 그들이 모두 잘못 생각한 거였어. 이건 지난주에 빈첸초가 곱셈을 틀려서 헤맸던 거에 비해 훨씬 어마어마한 전 인류의 실수야. 지금이라도 지구가 태양 주위를 돈다는 사실을 주변 사람들에게 알려야만 해!"

갈릴레이는 자신이 발견한 사실을 널리 알리기 위해 온갖 노력을 다했다. 하지만 교회, 특히 종교 재판소에서는 이를 달가워하지 않았다. 종교 재판소에서는 고대 학자들의 권위를 무조건 신뢰했으므로 이미 정해진 질서를 뒤엎는 갈릴레이의 주장에 반감을 드러냈다. 십여 년 전 지오다노 브루노라는 철학자가 이와 똑같은 문제를 두고 교회와 맞서다가 결국 화형을 당한 적도 있었다.

다행히 벨라르민 추기경은 친구인 갈릴레이를 지켜 주고 싶은 마음이 컸다. 그래서 잔뜩 흥분한 친구를 일단 진정시킨 뒤 가설이라는 확실한 조건을 붙인다면 태양 중심설을 학생들에게 가르쳐도 좋다고 허락했다. 하지만 갈릴레이는 잘랄 노인의 마지막 말을 듣지 않은 채 술집을 나와 버리는 뼈아픈 실수를 저지른 터였다. 이제 그에게 지구가 태양 주위를 돈다는 것은 그저 수학적 모형이나 가설이 아니라, 누구도 부정할 수 없는 명백한 사실이자 현실이었다!

'어떻게 해야 내 생각을 널리 퍼뜨릴 수 있을까? 그래! 누구나 읽을 수 있는 책을 쓰는 거야. 더 많은 사람이 내 주장을 받아들이게 하려면 자극적이지 않고 읽기 쉽게 써야 해. 좋은 제목도 벌써 생각났어. 『어리석은 친구들에게 설명하는 우주의 비밀』이라고 해야겠다.'

그러나 친구이자 당시 교황이었던 우르바노 8세(사실 갈릴레이는 이탈리아에서 가장 훌륭한 인맥을 자랑하는 사람이었다)의 조언에 따라 결국 책 제목은 『두 우주 체계에 관한 대화』로 바꿨다. 이 책에는 베네치아에 사는 세 사람이 등장한다. 갈릴레이와 그의 태양 중심설을 대변하는 피렌체 출신의 살비아티, 지구 중심설을 옹호하는 심플리치오, 그리고 중간 입장에서 이 두 사람의 논쟁을 조정하는 베네치아 토박이 사그레도다.

이 책은 출간 전에 이미 많은 관심과 공격을 받았다. 갈릴레이는 심플리치오를 몹시 어리석고 모자란 바보로 그렸는데, 지구 중심설을 믿는 사람들은 당연히 이를 기분 나쁘게 생각했다.

교황 우르바노 8세는 특히 더 노여워했다. 갈릴레이가 자신을 겨냥해 심플리치오라는 인물을 만들어 냈다고 생각했기 때문이다. 하지만 갈릴레이는 심플리치오는 6세기 무렵에 살았던 잘 알려지지 않은 어느 철학자를 기리기 위해 만들어 낸 인물이라며 짓궂게 반박했다. 그러자 갈릴레이에게 맞서는 사람들은 자신들을 진짜 바보로 여긴다며 더 불같이 화를 냈다(심플리치오는 '단순한, 초보적인'이라는 뜻의 이탈리아어 'semplice'에서 따온 이름으로 추측된다.―옮긴이).

　갈릴레이는 이 모든 문제를 해결할 방법은 어떻게든 정식으로 출간 허가를 받는 것뿐이라고 생각했다. 교회 출판 검열관의 승인만 얻는다면 자신을 비난하는 사람들의 입을 다물게 할 수 있을 터였다. 그리하여 갈릴레이는 도미니크 수도원장인 리카르디 검열관과 약속을 잡았다.

　막상 리카르디와 만나는 날이 되자 갈릴레이는 처음 생각과 달리 불안해지기 시작했다.

　"그 늙은 바보에게 이성이 손톱만큼이라도 있다면, 출간을 절대 허락하지 않을 거야."

　리카르디 검열관은 지동설은 어디까지나 가설이라고 밝힌 머리말과 꼬리말을 추가한다는 조건을 붙여 출간을 허락했다. 하지만 갈릴레이가 순순히 따를 리 없었다. 리카르디는 갈릴레이의 책이 세상에 나온 뒤에야 자신이 속았다는 걸 깨달았다. 엄청난 분노에 휩싸인 리카르디는 세상 사람들 앞에서 자신을 웃음거리로 만든 건방진 과학자에게 반드시 호된 벌을 내리겠다고 다짐했다.

　모두를 속인 갈릴레이는 결국 법정에 세워졌다. 재판은 아주 짧게 끝났다. 갈릴레이는 자신의 생각을 지킬 용기는 있었지만, 지독한 육체적 고통을 참고 이겨 낼 열정은 없었다. 두 눈이 뽑히고 그 자리에 고춧가루가 뿌려지는 형벌을 받을지 자신의 주장을 거두어들일지 선택해야 하는 상황에서, 과학자는 그리 오래 고민하지 않았다.

교황은 한때 친구였던 의리를 생각해 갈릴레이에게 가택 연금이라는 비교적 가벼운 형벌을 내렸다. 그리하여 갈릴레이는 남은 삶을 피렌체 자신의 집에 갇혀 지냈다. 그래도 밤이 되면 여전히 몇 시간씩 열심히 별들을 관찰했고, 그 결과 두더지처럼 눈이 침침해졌다. 다행히 집안일은 제자 빈첸초가 대신해 주었다. 그가 맡은 가장 중요한 임무는 집에 와인이 떨어지지 않게 계속 채워 두는 것이었다.

가택 연금 시기에 갈릴레이가 몇 가지 대단한 발견을 했다는 소문도 있다. 하지만 이미 세상에 대한 두려움이 생긴 가엾은 과학자는 결코 그 내용을 책으로 펴내지 않았다.

『예절 개론』이라는 책을 이 시기에 썼다고도 알려졌는데, 진짜 갈릴레이가 쓴 책인지는 확실히 밝혀지지 않았다.

갈릴레이가 정말 예절에 관한 책을 썼을까? 여러분의 생각은?

감수의 글

★★★
근대과학의 문을 연 과학자
갈릴레오 갈릴레이
"과학은 실험으로 검증해야 해!"

갈릴레오 갈릴레이를 가리켜 '근대과학의 문을 연 과학자'라고 해요. 무슨 말일까요? 한마디로 갈릴레이에 의해 근대 이전과 이후의 과학이 크게 달라졌다는 의미랍니다. 차이를 만든 핵심은 '실험'이에요. 갈릴레이는 과학 이론을 반드시 실험으로 검증해야 한다고 보았어요. 눈으로 직접 보고 확인해야 한다고 본 것이죠.

너무 당연한 게 아니냐고요? 갈릴레이 이전에는 이렇게 주장한 과학자가 없었어요. 명망 있는 고대 과학자가 내놓은 이론이라면 대부분 옳다고 믿었거든요. 아리스토텔레스가 가장 대표적이죠. 아리스토텔레스는 서양 학문의 체계를 세운 인물이에요. 사회, 정치, 문학, 철학, 논리학 등 모든 학문 분야에 걸쳐 절대적인 영향을 미쳤어요. 서양 학문은 아리스토텔레스의 사상에 뿌리를 두고 있다고 해도 지나치지 않을 정도죠. 그러다 보니 아리스토텔레스의 과학 이론 또한 갈릴레이가 실험으로 검증하기 전까지 누구도 반박하지 않았어요. 그런데 갈릴레이는 '정말 그럴까' 의심해 보고 확인하려고 했어요.

이 책 《갈릴레이의 춤추는 생각》은 바로 갈릴레이가 아리스토텔레스의 과학 이론 몇 가지를 실험으로 반박한 사건에 재미있는 상상을 더한 이야기랍니다. 갈릴레이의 호기심 가득한 질문과 어떤 실험을 통해 자신의 생각을 주장했는지 조금 더 알아볼게요.

질문 1 정말 무거운 물체가 가벼운 물체보다 먼저 떨어질까?

아리스토텔레스는 "무거운 물체와 가벼운 물체를 동시에 떨어뜨리면, 무거운 물체가 먼저 땅에 닿는다."라고 말했어요. 갈릴레이는 '정말 그럴까?' 확인하고 싶었죠. 제자 빈첸초와 피사의 사탑에 올라가서 낙하 실험을 했다는 사실은 확실한 기록이 없어요. 하지만 갈릴레이가 무게가 다른 물체(이 책에서는 멜론과 호박을 예로 들었죠)가 동시에 떨어질 때 아리스토텔레스의 이론과는 다르게 동시에 땅에 닿더라는 것을 밝힌 것은 사실이랍니다.

여기서 한 가지 짚고 넘어가고 싶은 게 있어요. 엄밀하게 말하면, 가벼운 물체와 무거운 물체는 동시에 땅에 닿지 않아요. 공기 저항이 있기 때문이에요. 하지만 그 차이가 너무 작아서 우리 눈으론 구분이 쉽지 않아요. 측정 기구가 정교하지 못했던 당시에는 더욱 그 차이를 구분하기

어려웠을 거예요. 그런데 놀랍게도 먼 훗날 진공 상태, 즉 공기 저항이 전혀 없는 상태에서 낙하 실험을 했더니 갈릴레이의 주장대로 물체의 무게와 상관없이 동시에 땅에 닿는 결과가 나왔답니다.

 질문 2 공이 구르다가 멈추는 건 정말 힘을 더 주지 않아서일까?

이번엔 갈릴레이의 비탈 실험을 살펴볼까요? 비탈 실험은 경사면 실험, 빗면 실험이라고도 해요. 널빤지를 기울여 만든 비탈에서 공을 굴리면 공의 속도는 내려갈수록 빨라져요. 물체의 속도가 늘어나거나 줄어드는 정도를 가속도라고 해요. 비탈 실험은 물체가 위에서 아래로 떨어질 때의 가속도(중력가속도)와 물체가 외부 힘을 받지 않으면 상태를 계속 유지하려는 관성의 개념을 일깨워 준 중요한 실험이랍니다. 훗날 뉴턴이 이를 확장해서 관성의 법칙을 완성하죠.

피사의 사탑과 같은 높은 곳에서 물체를 떨어뜨리면 물체는 중력가속도를 받아서 내려갈수록 빨라져요. 비탈을 구르는 공과 마찬가지로 땅으로 가까이 갈수록 속도가 더 빨라지는 거죠. 한마디로 낙하 실험과 비탈 실험은 모두 가속도를 설명하는 실험이란 거예요.

갈릴레이는 낙하 실험과 비탈 실험을 거치면서 "물체를 멀리까지 움직이게 하려면 더 많은 힘이 필요하다."는 아리스토텔레스의 주장을 또 의심했답니다. '가속을 받으며 빠르게 비탈을 내려온 공이 평지를 구르다가 이내 멈추는 것이 과연 구르는 공에 힘을 더 주지 않아서일까?' 하고 말이에요.

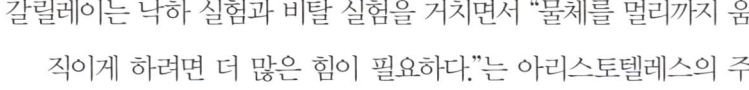

갈릴레이는 평지가 울퉁불퉁하지 않으면 비탈을 내려온 공이 좀 더 멀리까지 나아갈 거라는 가설을 세웠어요. 그리고 평지를 매끄럽게 하고서 비탈 실험을 다시 했죠. 평지를 매끄럽게 했다는 것은 물체의 운동을 방해하는 힘, 곧 마찰력을 줄였다는 거예요. 그랬더니 예상대로 공은 울퉁불퉁한 평지에서보다 매끈한 평지에서 더 멀리까지 굴러갔어요. 아리스토텔레스의 주장처럼 힘을 더 주지 않았는데도 말이에요.

이렇게 갈릴레이는 낙하 실험과 비탈 실험을 통해 그때까지 그 누구도 의심하지 않았던 아리스토텔레스의 물체의 운동에 관한 이론이 틀렸음을 검증했답니다.

질문 3 은하수는 정말 하늘에 낀 안개일까?

갈릴레이는 우주에 관한 호기심도 정말 많은 과학자였어요. 갈릴레이는 망원경이 발명되었다는 소식을 전해 듣고 정말 성능 좋은 망원경을 만들어 팔아서 돈을 많이 벌어야겠다고 생각했대요. 동시에 망원경으로 우주를 관찰하겠다는 생각도 했죠. 누구나 할 수 있는 생각 같죠? 그런데 망원경으로 우주를 관찰하겠다는 건 당시 누구도 떠올리지 못한 생각이었어요. 보통은 별자리를 좀 더 잘 보고 싶다 정도였죠. 이것이 갈릴레이의 위대한 점이에요.

갈릴레이는 렌즈를 직접 깎고 갈아서 갈릴레이식 망원경을 만들어요. 갈릴레이의 망원경은 우주의 실체를 확인한 인류 최초의 도구랍니다. 이것으로 갈릴레이는 "은하수는 하늘에 낀 희뿌연 안개다."라고 한 아리스토텔레스의 주장을 '은하수는 희뿌연 안개가 아니라 형형색색으로 아롱진 별들의 무리'라고 반박하죠.

또 아리스토텔레스는 "달은 수정처럼 반짝이는 흠집 하나 없는 공 모양의 천체다."라고 했지만 갈릴레이가 망원경으로 들여다본 달은 그렇지 않았어요. 산과 계곡이 보이고 곳곳에 구덩이가 있었어요. 수정처럼 매끄럽기는커녕 표면이 울퉁불퉁했어요.

이렇게 갈릴레이는 망원경을 이용한 관찰로 하늘에 관한 아리스토텔레스의 천체 이론이 틀렸다는 것을 검증해 보였답니다.

 **질문 4** 정말 태양이 지구 둘레를 도는 걸까?

갈릴레이는 당시 모두가 믿고 있던 '천동설'마저 틀렸다고 주장했어요. 천동설은 태양이 지구 둘레를 돈다는 이론으로 고대 그리스의 학자 프톨레마이오스가 완성했어요. 물론 고대 그리스의 모든 학자가 천동설을 지지한 것은 아니에요. 아리스타르코스는 지구가 태양 둘레를 돈다는 지동설을 믿었죠.

갈릴레이가 태어나기 전에 이미 코페르니쿠스가 천동설은 옳지 않다고 밝혔는데도 여전히 천동설이 옳다는 사람들이 많았죠. 천동설 옹호론자들은 지동설이 옳다는 갈릴레이의 주장을 이렇게 공격했어요.

"지동설을 그렇게 철석같이 믿는다면 이런 상황은 어떻게 설명하실 건가요? 만약 당신 주장대로 지구가 회전한다고 하면, 높은 탑에서 쇠공을 낙하시키면 쇠공은 곡선을 그리면서 떨어져야 합니다. 회전하는 힘을 받을 테니까요. 그런데 그런가요? 아니지요. 쇠공은 늘 곧게 떨어지죠. 이게 바로 지구가 회전하지 않는다는 명백한 증거입니다."

하지만 갈릴레이는 이렇게 반박했어요.

"배가 같은 속도(등속)로 움직이고 있습니다. 돛에 올라가서 쇠공을 떨어뜨립니다. 휘어져서 떨어지나요? 아니지요. 곧게 떨어지죠. 왜 그럴까요? 배와 돛과 쇠공이 함께 움직이기 때문이에요. 지구도 마찬가지입니다. 높은 탑과 쇠공은 지구와 함께 등속으로 회전합니다. 그래서 쇠공이 곧게 떨어지는 겁니다."

이것이 바로 갈릴레이의 상대성 원리에요. 한마디 덧붙이면, 갈릴레이의 상대성 원리와 아인슈타인의 상대성 이론은 전혀 다른 이론이에요. 갈릴레이의 상대성 원리에 의해 견고했던 천동설의 명성은 흔들리기 시작했답니다.

이렇게 갈릴레이는 아리스토텔레스를 비롯한 고대 학자들의 이론을 실험과 관찰을 통해 검증했어요. 그 결과 근대과학이 탄생했고, 갈릴레이의 빛나는 업적은 훗날 뉴턴이 근대과학을 완성하는 데 탄탄한 밑거름이 되었답니다. 자, 이제 갈릴레이를 왜 '근대과학의 문을 연 과학자'라고 하는지 조금은 알 것 같죠?

* 이 책을 감수하고 글을 쓴 송은영 선생님은 고려대학교 물리학과와 같은 대학원에서 원자핵 물리학을 전공했습니다. 어떻게 하면 과학을 더 많은 사람에게 더 쉽고 재미있게 알릴 수 있을까 고민하며 과학 전문 작가로 활동하고 있습니다. 펴낸 책으로 《궁금했어, 양자 역학》《뉴턴 프린키피아》《장영실의 생각실험실》《아인슈타인의 생각실험실》〈속담 속에 숨은 수학〉 시리즈 등이 있습니다.

글 **키아라 파스토리니** 구강외과 전문의였으나 철학 연구 모임을 기획하는 '레프티트뤼미에르'를 설립한 뒤부터는 충치 대신 편견을 뿌리 뽑는 일에 매달리고 있다.

글 **프레데리크 모를로** 어릴 때 꿈은 저글러였지만, 프랑스 국립 공과대학 에콜 폴리테크니크에 우연히 떨어진 뒤 갈릴레이처럼 학문에 빠져들어 결국 수학자가 되었다.

그림 **쥔리 송** 미국 시카고 근처에 살고 있다. 만약 태양이 지구 주위를 돈다면, 그건 쥔리 송의 특별한 실크스크린과 시가 담긴 조각을 보고 싶어서일 것이다.

옮김 **김현희** 영어와 프랑스어로 된 책을 쉽고 올바른 우리말로 옮기는 일을 하고 있다. 옮긴 책으로 《이것저것들의 하루 1·2》《언니들의 세계사》《내 몸과 마음을 지휘하는 놀라운 뇌 여행》《처음 만나는 여성의 역사》《프랑스 요리의 기술》 등이 있다.

갈릴레이의 춤추는 생각

초판 1쇄 발행 2022년 5월 23일
초판 2쇄 발행 2023년 1월 10일

글 키아라 파스토리니·프레데리크 모를로   그림 쥔리 송   옮김 김현희
펴낸이 김명희   편집 이은희   디자인 씨오디

펴낸곳 다봄   등록 2011년 6월 15일 제2021-000136호
주소 서울시 마포구 토정로 222 한국출판콘텐츠센터 305호
전화 02-446-0120   팩스 0303-0948-0120
전자우편 dabombook@hanmail.net   인스타그램 instagram.com/dabom_books

ISBN 979-11-92148-13-7   73400

* 책값은 뒤표지에 있습니다.
* 잘못 만든 책은 구입한 곳에서 교환해 드립니다.

품명 아동 도서   사용연령 8세 이상   제조국 대한민국   제조년월 2023년 1월 10일   제조자명 다봄
주소 서울시 마포구 토정로 222 한국출판콘텐츠센터 305호   연락처 02-446-0120
주의사항 종이에 베이거나 긁히지 않도록 조심하세요. 책 모서리가 날카로우니 던지거나 떨어뜨리지 마세요.
* KC마크는 이 제품이 공통안전기준에 적합하였음을 의미합니다.

상상 엔진을 장착하고
뉴턴을 우주로 쏘아 올린 유쾌한 과학 동화!
열정적인 논쟁 속에서 뉴턴의 위대함이 빛난다!

뉴턴이
우주로 보낸 질문

마리옹 카디 · 아브람 카플랑 글
타티아나 보이코 그림 | 김현희 옮김
송은영 감수 | 72쪽 | 12,000원

프리즘 안경을 쓰고 동네 산책을 하며 하루를 시작하는 뉴턴. 마을 언덕 위에 올라 자신이 만든 망원경으로 풍경을 감상하다가 망원경을 떨어뜨리고, 망원경은 데굴데굴 굴러 커다란 구덩이에 빠진다. 뉴턴은 망원경을 찾기 위해 구덩이에 뛰어들고 지구를 통과해 남극까지 다다르는 신기한 경험을 하고서 돌아온다. 남극의 펭귄에게서 망원경을 되찾기 위해 친구 핼리와 거대한 새총을 만들어 다시 모험에 나선 뉴턴은 의도하지 않게 우주로 날아가고, 그곳에서 위대한 과학자들을 만나게 된다.

뉴턴은 데카르트, 라이프니츠, 케플러, 프톨레마이오스, 갈릴레이와 어떤 질문과 대답을 주고받을까? 뉴턴은 지구로 다시 돌아갈 수 있을까?